大家小小书
篆刻　程方平

新编历史小丛书

张衡

张荫麟 著

北京出版集团公司
北京人民出版社

目　录

纪元后二世纪间我国第一位大科学家——张衡

讲到科学，我们中国真是“瞠乎其后”了。就物质的科学说，现在我国简直找不出一个创造家。这是何等可耻啊！但是我们只要努力，不要自馁。试拿我们的科学史和西方的科学史一比较，在十三四世纪以前，我国也未尝“独后于人”。倘若现在我们能努力去继续从前的光荣，那么，在过了一千几百年后的我国科学史里，近世所占的几页是毫不相干的。我们努力啊！现在把我们的科学史抄出几页来和大家看看，或者也可以鼓起我们的勇气去努力。

这里所抄出的几页，是讲我国第一位科学家在科学上的贡献。我还要先声明：我介绍这位科学家，是用“传”的体裁。因为要使读者了解他“整个的人”，所以对于他生平的行历，虽然和科学没有关系，也要说说。

一

我国的第一位大科学家是谁？曰：张衡。

张衡别字平子，后汉南阳西鄂人，即现在河南邓县*。生于章帝建初二年（纪元七十七年）。他的家族是当时累代著名的大姓。他的祖父张堪曾做过蜀郡的太守。

他性情很谦虚、淡静；虽聪明绝世而没有骄尚的态度，但也不喜欢和俗人交接。他生平“不患位之不尊，而患德之不崇；不耻禄之不夥，而耻智之不博”（用《答难》中自述语）。

因为如此，所以从前中国一般读书人的做官热，他简直没有。永元间，当地的官吏举他为孝廉，他不行。公府里征聘他，他也不就。当时有一位炙手可热的大将军邓骘仰慕他的才名，屡次召他，他也没有答应。后来安帝闻他的名，拜为郎中——一位近侍的官吏，品秩和前清的侍郎差不多。再迁为太史令，是一个掌理史事和历法的职任。因为他无意做官，所以好几年都没有升官。后来离了太史令职改尚书郎。到顺帝即位，又为太史令。这时候也许有些人笑他本事不好，不会高升。所以他做了一篇《答难》来表明他的意志。我们从这篇文章里，可以看出他的人格。没几久，他又迁为侍中，和皇帝很亲近。当时政权完全在太监手里，他于是上疏请“勿令刑德八柄不由天子”。他在皇帝跟前，也常时讽刺左右的人物。有一天，皇帝问他：“天下所痛恨的是什么人？”在旁的太监们怕他说自己坏话，鼓起眼睛盯住他。他只得含糊应答而出。那群太监到底怕他为后患，于是时时向皇帝面前说他长短。后来他外放做河间相，政绩极好。做了三年，他上书告老求归，征拜为尚书。这便是他在政界的履历。

他本来是一位文学家。自少便有文学天才。他做《两京赋》，“精思傅会，十年乃成”。一生的精力大半都费在文学上，著有诗、赋、箴、铭、七言、应问、七辩、巡诰、悬等三十二篇，大部分现在还存。我们试把他的《两京赋》、《思玄》等篇一读，便晓得他在我国文学史上的位置了。

他也研究过经学。少年时在太学——当时的国立大学里念过书，并且“贯五经，通六艺”。曾著过一部《〈周官〉训诂》，这部书现在已不存，据他的同时人崔瑗说是“不能有异于诸儒”，也许他对于这种学问未尝有深刻的研究。他又想补孔子《易》说的缺漏，但是后来到底没有做成。

他对于汉代的掌故也很留心。永初中，刘珍和刘騊駼在东观里司理著作，撰集一部《汉纪》，因为想定汉家礼仪，上疏请使张衡帮助他们。可是没多久这两人竟死了。衡常时叹息，想把他完成。到了做侍中的时候，便上疏请“得专事东观，毕力于纪记。”皇帝没有答应。他又上书指摘司马迁、班固所记的错失十余事，又陈述他所主张汉史的体例。他所指摘和主张有价值与否，另为一问题，但是可以证明他尝有志于史学了。

二

上面所说，还没有半个字表现他在科学史上的位置。我为这位科学家做传，说了一大堆和科学没有关系的话，读者一定觉得讨厌。现在我要归入本题了。

在张衡那时代，像张衡一样对于科学的贡献是很不容易发生的。因为：

（一）当时图纬五行之说——科学的大对头——盛行，差不多没有一门学问不被他盘踞。

（二）当时政府所提倡，学问界所趋向，全在“古文派”的儒家。一般读书人，个个都向半伪的经典的一家师说里讨生活，永世不会望见师说以外的天日。那些艺成而下的东西，更不必说了。

张衡虽服膺儒家的经典，但是因为他生平“耻智之不博”，所以他对于儒者所以为艺成而下的学问，如天文、历学、数学、机械等都尽力去研究。他对于当时时髦的图纬学极力反对。当他做太史令的时候，尝上疏请“收图纬一切禁绝之”；说图纬是“一卷之书，互异数事”的，是“欺世罔俗”的。这件事在我们今日看来本无足奇，但是在他那时候，图纬是帝王所祖述，儒者所争学的（《后汉书·张衡传》言：“光武善识，及显宗肃宗，因祖述焉，中兴之后，儒者争学图纬。”）。他竟能发生这大胆的反抗，我们不能不佩服他的勇气。由此可见，他的治学精神和当时的儒者完全是两路的。因为如此，他挨当时人们的痛骂不少，所以他在《答难》里说："尝见谤于鄙儒。"后来还要劳范蔚宗在他的传里替他辩护，说他不是一个"艺成而下"的人！

他在科学上的贡献是什么呢？下面要分开来说。在分述之前，请先说说他关于科学的遗著。

（一）《灵宪》一卷，《灵宪图》一卷。《灵宪》是他的天文学著作。《灵宪图》是一部天文图。这两部书《隋书·经籍志》都有记载，到《唐书·经籍志》，《灵宪》便亡了。过了宋代，《灵宪图》也亡了。《灵宪》一书，后人从类书和引用他的书里辑出首尾相续的还有一千五百多字［最初辑录的是张溥。汉魏六朝百三名家集里的《张河间集》所载，所辑约千三百多字，但未注明出自何书。后来严可均（清嘉庆间人）的《全后汉文》里辑出约千五百多字，并注明所根据的书是：《续汉天文志》、《开元占经》、《左传序正义》、《〈史记·天官书〉正义》、《隋书·天文志》、《北堂书钞》、《艺文类聚》、《初学记》、《太平御览》、《广韵》。荫按：尚有唐李淳风《乙巳占》所引。］。据我所考，这部书曾被人窜乱，现存辑本还有伪文［例如《后汉书·衡传》李贤注引《灵宪》文作“昔在先王……先准之于浑体，是为正仪，故《灵宪》作与”。

《乙巳占·天象篇》所引（《开元占经》同），却作“昔在先王……先准之于浑体。是为正仪立度。而皇建有逌极也，枢运有枢稽也；乃建，乃稽，斯经天常。圣人无心，因兹以生。故《灵宪》作与”。正仪以下，羼凡三十一字。若说是李贤节录原文，那么，原文若如《乙巳占》所引作“……正仪立度，而……”，稍通文义的人，都知道原文至立度才是一句。曾做《后汉书》注的李贤，断不至这样不通，把正仪截作一节，而削去下文。况且羼入的话和上文完全不相衔接，这更是极明显的事实。又如张衡是主张浑天说的，所以作浑天仪。他的浑天说是“……地如鸡子中黄孤居天内……载水而浮……”，而

《乙巳占》所引《灵宪》文，却说："用重钩股悬天之影，薄地之仪，皆移千里而差一寸。过此以往，未之或知也。未之或知者，宇宙之谓也。宇之表无极；宙之端无穷。"地既"如鸡子中黄……载水而浮"，何以又会说"未知或知"，"无穷"呢？这岂不是与浑天说相矛盾吗？这也是妄人窜乱的证据。]。但是其中张衡独到的发明，决不是妄人所能假造的。

（二）《浑天仪》一卷。这部书是他的浑天仪器的说明书。隋唐志都有著录，到宋便亡了，现在也有辑本（以《全后汉文》所辑为最好，总书辑出有一千三百多字。）。书中附带说及他的天文学不少，现在辑本还有片段的遗留。

（三）《算罔论》一卷。李贤本传注说是：“网络天地而算之。”这书《隋志》尚存，《唐志》便亡了，现在无只字可考。刘徽的《九章注》尝引张衡的算法，未审是否根据此书。

我们根据这些残阙的遗著和《后汉书》里头的《张衡传》、《律历志》以及《晋书》、《隋书》的《天文志》中关于张衡的记载，和《九章注》所引张衡的算法，大略还可以考见张衡在科学上的贡献：

1. 张衡的天体说及天象的新解释

张衡是主张浑天说的。浑天说创于汉武帝时之落下闳［扬子《法言》里载：“或问浑天，曰：落下闳营之，鲜于妄人度之，耿中丞象之。”扬子云去落下闳未久，又是浑天学家（《隋书·天文志》：“扬子云作难盖天八事以通浑天。”），其说如此。不料在扬子云后几百年的人却会说颛帝尧帝的时候，不独有了浑天的学说，并且有了浑天的仪器（《春秋文耀钩》说：“唐尧即位，羲和作浑仪。”《隋书·天文志》载：晋传中刘智说：“颛帝造浑仪。”）。我们真正佩服他们制造历史的能力！又《尧典》：“璿玑玉衡，以齐七政。”孔安国的传说：“璿玑玉衡即汉代之浑天仪。”后来的注释家附会得更厉害，连玉衡的尺寸都说得出。按：璿玑玉衡乃星名，并不是天文仪器。这事清代学者雷学淇考证得很详确，说详《介庵经说》（《畿辅丛书》有刻本）。]。可惜落下闳的学说，现在没有半个字可考。张衡说天体道：

> 浑天如鸡子。天体圆如球，如弹丸。地如鸡子中黄，孤居于内。天大而地小，表里有水。天之包地，犹壳之裹黄。天地各乘气而立，载水而浮。周天三百六十五度四分度之一，又中分之，则一百八十二度八分之五覆地上，一百八十二度八分之五绕地下。（《浑天仪》）

这种解说，拿现在的眼光来看，浅薄极了。但是比之他以前的天体说，其进步真不可以道里计了！他说地如鸡子中黄是打破从前“天圆地方”的谬说。他说“地孤居于天内”，“乘气而立”是打破从前“天柱地维”的谬说。又他以为天是半覆地上，半绕地下，越发和近代的科学解释有点接近了。最奇者：他说地是“载水而浮”，和希腊的推尔士（Thales，今译泰勒斯）竟不约而同（参看W. T. Sedgwick and H. W. Tyler的*A Short History of Science*，p.45）。他说：“地如鸡子中黄”，和希腊Milesian（米利都学派）说地在天之中心也有点相似（参看同书页四十六）。

他解释月所以有光和圆缺的原故说：

> 夫日譬犹火，月譬犹水；火则外光，水则含影。月光生于日之所照，魄（谓月亏也）生于日之所蔽；当日则光盈，就（此字疑有误）日则光尽也。（《灵宪》）

又以为星之所以有光，也是这个道理。但是星的光是由月转给他的。所以说：

> 众星被耀，因水转光。（《灵宪》）

星和月的光，既是由于日之直接的或间接的所照，为什么有的时候他们正“当日之冲”却会没有光——即是交蚀呢？他解释这点，说是因为“蔽于地”，所以说：

> 当日之冲，光常不合者，蔽于地也。是为暗虚，在星，星微；月过则蚀。（《灵宪》）

他在二千年前解释月光、月的圆缺和交蚀等现象，和近代科学的解释竟不爽毫厘。这不独是张衡在科学史上的荣耀，也是我国在文化史上的荣耀呵！虽是月假日光的道理，在张衡以前的推尔士也尝说过（参看*A Short History of Science*，p.44），但张衡对于月盈缺和交蚀的解释，实非推尔士所能梦见。

2. 历学及浑天仪

张衡做过两任太史令，历学是他的职掌。他曾和当时的历家辩论过（《后汉书·律历志》：“安帝延光二年谒者亶诵言当用甲寅元，梁丰言当复用太初。尚书郎张衡、周兴皆能历，数难诵、丰，或不对，或言失误。”）并“参按仪注以‘九道法’为最密”（用《后汉书·律历志》语）。“九道法”，后汉之初已有之，并不是他所创（《后汉书·律历志》云：“史官旧有九道术，废而不修。熹平中，故治历郎梁国宗整上九道术，诏书下太史，以参旧术相应，太子舍人冯恂课校。恂复作九道术。”）。他又指摘刘歆三统历的差谬，说：

向歆父子欲以合《春秋》，横断年数，损夏益周。考之表纪，差谬数百。两历相课，六千一百五十六岁而太初多一日。冬至日直斗，而云在牵牛，迂阔不可用。（《后汉书·律历志》载《张衡历议》）

按：冬至日在斗，不在牵牛，此说东汉之初已发现（《后汉书·律历志》云："元和二年，太初失天益远，宿度相觉浸多。而候者皆知冬至日在斗十二度，未至牵牛五度。"），也不是他的创说。他的历学，大半祖述前人，没有甚么发明。他在我国历象界的功劳完全在浑天仪的创造。

浑天仪是什么一件东西呢？《晋书·天文志》说：

张衡置浑象具内外；规南北极，黄赤道；列二十四气、二十八宿、中外星官及日、月、五纬。以漏水转之于殿上室内。星中出没与天相应。因其阙（疑关字之讹）戾，又转瑞轮蓂荚于阶下，随月盈虚，依历开落。

《隋书·天文志》说：

……以四分为一度，周天一丈四尺六寸一分。亦于密室中，以漏水转之。令闻之者闭户而唱之，以告灵台之观天者。璿玑所指，某星始见，某星已中，某星已没，皆如合符。

这件仪器是用铜制的。他在铸造之先，曾用竹片、针等物做了一个小模型，名为“小浑”。他制造这模型的方法，现在辑本的《浑天仪》还有详明的记载。我们还可以依他的方法重造一个。海内的仪器制造家何不试试？

3. 候风地动仪及其他机械之制造

张衡极精于机械之制造。他的浑天仪固然是他的天文学和历学的结晶，也是他机械精巧的表现。此外他的机械制造还不止此。

阳嘉元年张衡造了一个测验地震的仪器，名“候风地动仪”，用精铜铸成。圆径八尺，上面有突起的盖，形状很像一个酒镈。上刻篆文、山龟、鸟兽等形状来做装饰。中间有一条主要的柱。旁边有八处，可以施放机关。外面有八条龙，每龙口里含着一颗铜丸，下面有蟾蜍张口来接。机器隐在镈的里头，覆盖得很周密，没有一些罅漏。如有地震，镈便受振动，龙内的机关发动，把铜丸吐出，落在下面蟾蜍的口里。铜丸落下的时候发生很大的声响，伺候的人便可晓得。地震时，只有一条龙的机关发放，其余的一些都不动。寻那条龙所指的方向，便晓得地震所在。经过事实的证明，是很应验的。有一天，其中一条龙的机关发动了，却没有觉得地震。于是京师的学者都怪他靠不住。过了几天，驿站里的消息传到来，果然是陇西地震。众人才服他的神妙。

这件仪器的确是科学界的一大创作。可惜他的内容和他所根据的原理现在都不可考了。

他又曾制造过一架三轮自转的机器，正史里虽然没有记载，但他在《答难》里曾说：

叁轮可使自转。

《本传》李贤注引《傅子》曰：

张衡能令三轮自转。

可惜这件机器现在也失传了。

他又尝制造一个土圭——测日影的仪器［《义熙起居注》载：“十四年（东晋安帝义熙十四年）相国表曰：‘平长安获张衡所作浑仪、土圭。’”——以上据《玉海》引］，但是正史也没有记载。此外，他制造的仪器，正史里没有记载的一定不少。可惜现在已无可考了。

4. 张衡的圆周率

刘徽《九章注·少广》开立圆术（已知球体积求球直径）里尝引张衡的方法。我们从这个方法里，可以推知他所发明的圆周率是$\pi=\sqrt{10}$（参看《科学杂志》茅以升著《中国圆周率史》）。这率虽然比现在的密率过大，但入算很易。又《开元占经》里载张衡的圆周率是$\pi=\frac{92}{29}$（据张俨《中国数学源流考略》，《北京大学月刊》第一卷第四期）。这率比密率更大些，或者他的圆周率是从$\pi=\frac{92}{29}$改为$\pi=\sqrt{10}$，也未可定。但是他怎么样得到这个结果，现在也不可考了。

$\pi=\sqrt{10}$的圆周率，印度波罗笈多（Brahma-gupta，589—？）在他的著作*Brahma-sphuta-siddhanta*（著在五九八年，参看《中国数学源流考略》及F. Cajon's *A History of Mathematic*，p.94）里也有纪载。后二百年，亚剌伯的算书也用他（据《中国数学源流考略》），但是张衡还比他先五百年至七百年。

从上面所述看来，张衡在科学上的贡献，真正不少。他不独是我国科学上的第一个人物，他在世界科学史也有不朽的位置。可惜他的学业几千年来竟没有人继续下去，也没有发生甚么影响。并且连他苦心孤诣的发明，也和他的生命一齐死灭。这不独是我国文化的损失，也是世界文化的损失啊！

三

现在再将他生平的事实做一个简略的年谱：

帝号	西元	岁	事实
章帝建初二年	七七		张衡生
章帝（？）年	（？）	（？）	入京师，观太学。
和帝永元中	九八（？）	二一（？）	举孝廉，不行；连辟公府，不就。
安帝永初（？）年		三〇（？）	《两京赋》成
安帝永初（？）年	（？）	（？）	大将军邓骘屡招，不应。此事不详何年。按：邓骘做大将军，在永初元年，此事必在永初元年后。
安帝（？）年	（？）	（？）	征为郎中
安帝（？）年	（？）	（？）	迁为太史令

续表

帝号	西元	岁	事实
安帝建光元年	一二一	四三	去太史令职，为尚书郎。按：衡去太史令职，本传不言转为何官。惟《后汉书·律历志》载“安帝延光二年尚书郎张衡”云云，此时正当衡去太史令职之后，复任太史令之前。故知衡去太史令职后转为尚书郎。 著《灵宪》、《算罔论》。 作三轮自转机。 作土圭。 此三事年时无可考，姑列于此。
安帝延光二年	一二三	四五	与亶诵、梁丰论历，主九道法。
顺帝永建元年	一二六	四八	复为太史令，作《答难》。

续表

帝号	西元	岁	事实
顺帝（？）年			作浑天仪，著《浑天仪》。 按：这事本传载在迁太史令后，不详何年。《隋书·天文志》说："桓帝延熹七年，张衡造浑天仪。"据本传，延熹七年时，张衡已死了二十六年。《隋书》所载若确，那么张衡的卒年便发生问题。但是《隋书》的编纂，远在《后汉书》之后（《后汉书》纂于刘宋，《隋书》纂于唐初）。其可信程度当然较少。又考《晋书·天文志》载张衡作浑天仪在顺帝时。是《隋志》之谬又有显证。现在特为刊正。

续表

帝号	西元	岁	事实
顺帝阳嘉元年	一三二	五四	作候风地动仪。
顺帝永和后	（？）	（？）	上疏陈时事。
顺帝（？）年	（？）	（？）	上疏辟图纬。
顺帝（？）年	（？）	（？）	宦官谗之，作《思玄赋》。
顺帝永和元年	一三六	五九	出为河间相。
顺帝永和四年	一三九	六二	乞假归，征拜尚书。是年卒。

后录

这篇文章做成后，涉览所及，又发现了好些新资料。现在把他逐条写在下面，以补遗缺。

（一）张衡的祖父张堪，乃后汉有名的循吏，并以讨公孙述和击御匈奴有功。《后汉书》有传。

（二）张衡和当时的文学家崔瑗（工词赋，通历算）及大思想家王符（著有《潜夫论》）均相友善（以上据《后汉书·崔瑗传》及《王符传》），并与王充同时。惟充卒于永元间，时衡约三十岁。又王充于《论衡·说日篇》引日蚀由于地蔽之说而驳之。可见张衡此说，已早行于世。

（三）衡尝创制指南车。据《宋书·舆服志》说："指南车……至于秦汉，其制无闻，后汉张衡始复创造。汉末丧乱，其器不存。"

（四）据唐张彦远《历代名画记》（卷三及卷四），张衡工图画，尝作《地形图》，至唐犹存。惜唐以后无可稽，未从考知其内容。

（五）《隋书·经籍志》子部有张衡《黄帝飞鸟历》一卷。此书《旧唐书·艺文志》以下均不见著录。盖已久佚，其内容无可考。

（原载《东方杂志》第21卷23号，1924年12月）

注释：

＊编者注：本书所收文章均撰写于20世纪20年代，所用地名依写作时的行政区划，为体现行政区划的建制沿革，保持原文，不依现在行政区划妄改。

张衡别传

叙曰：张衡，我国学术史上不数觏之人物也。然二千年来，其在学术上之贡献，为其文所掩。《后汉书·张衡传》虽占一卷，然除转录衡所作《应闲》、《思玄》及其他表疏外，传文实不逾千言。于衡一生之经历及其学术，语焉未备。此诚治史者之憾也。兹虽距衡之生将二千年，遗著残阙，史籍多佚，然东鳞西爪，搜剔钩稽，所得犹倍蓰于本传。惟所集史料，每矛盾百出，或缺年代，爰为一一考证稽决，非敢云远迈蔚宗，聊以补缺拾遗而已（作者去岁曾在《东方杂志》第二十三号发表论张衡一文。彼文介绍张衡科学智识，此篇在考求张衡生平事迹，目的不同，观点亦异。前文有讹误处，兹一一更正。）。

张衡，字平子，南阳西鄂（今河南邓县）人（崔瑗《张平子碑》及本传），生于后汉章帝建初三年（七十八年）。其先出自张老，纳规赵武，而反其侈，书传美之（崔瑗《张平子碑》）。衡族世为郡著姓，曾祖饶于财，积资数百万。祖父堪，志美行厉，见称于诸儒。公孙述之破，全赖其策。历官蜀、渔阳两郡太守，均以击御匈奴有功，所至民爱戴之（《后汉书·张堪传》及本传）。

附录《后汉书·张堪传》：

张堪字君游，南阳宛人也，为郡族姓。堪早孤，让先父余财数百万与兄子。年十六，受业长安，志美行厉，诸儒号曰圣童。世祖微时，见堪志操，常嘉焉。及即位，中郎将来歙荐堪，召拜郎中。三迁为谒者，使送委输缣帛，并领骑七千匹，诣为大司马吴汉，伐公孙述。在道追拜蜀郡太守。时汉军余七日粮，阴具船，欲遁去。堪闻之，驰往见汉，说述必败，不宜退师之策，汉从之，乃示弱挑敌。述果自出，战死城下。成都既拔，堪先入据其城，检阅库藏，收其珍宝，悉条列上言。秋毫无私，慰抚吏民，蜀人大悦。在郡二年，征拜骑都尉，后领骠骑将军杜茂营，击破匈奴于高柳，拜渔阳太守。捕击奸猾，赏罚必信，吏民皆乐为用。匈奴尝以万骑入渔阳，堪率数千骑奔击，大破之。郡界以靖，乃于狐奴开稻田八千余顷，劝民耕种，以致殷富。百姓歌曰：桑无附枝，麦穗两歧，张君为政，乐不可支。视事八年，匈奴不敢犯塞。帝尝召见诸郡计吏，问其风土及前后守令能否。郡计椽樊显进曰：渔阳太守张堪，昔在蜀汉，仁以惠下，威能讨奸。前公孙述破时，珍宝山积，卷握之物，足当十世。而堪去职之日，乘折辕车，布被囊而已。帝闻，良久叹息。方征堪，会病卒，帝深悼惜之。下诏褒扬，赐帛百匹。

衡少善属文，游于三辅（后汉三辅即左冯翊、右扶风、京兆，今陕西关中道；本传。）。尝于阳春之月，适骊山（在今陕西关中道临潼县），“观温泉，浴神井，风中峦，壮厥类之独美，思在化之所原，美洪泽之溥施”，乃作《温泉赋》（《温泉赋》自序，见衡集，《全后汉文》辑本。）。足见其对于自然之美之欣赏焉。衡天姿濬哲，敏而好学（崔碑），尝自述曰："耻一物之不知，有事之无范。"又曰："不耻位之不尊，而耻德之不崇；不耻禄之不夥，而耻知之不博。"（《应闲》，见衡集）虽才高于世，而无骄尚之情。常从容淡静，不好与俗人交接（本传）。独与涿郡崔瑗特相友善，又交安定王苻。瑗善属文，通历算；符隐居不仕，而善论政，著《潜夫论》（《后汉书·崔瑗传》及《王苻传》），皆一代学者。

永元中，举孝廉，不行。连辟公府，又不就（本传）。永初末为南阳郡主簿［此事不载本传。衡集《绶笥铭》

序云“南阳郡守鲍德，衡时为主簿”。此事年代，史无可征。按《后汉书》卷二十三云：“德为南阳太守时，岁多荒灾。”又同书《五行志》永初六年至元初二年，连年荒灾。而在此期前后，为鲍德所及见者（德卒于张衡前，衡集有《鲍德诔》），均无继续一年以上之荒灾，故知德之为南阳太守，当永初六年至元初二年间，而衡之为德主簿，亦当在此时。］。郡守鲍德，兴教育才，崇尚文学，有政声［《后汉书·鲍德传》（附《鲍昱传》后），又衡集《南阳文学儒林赞》］，与衡颇相知相得焉（衡集《与友书》云：“恃鲍子之知我。”衡又有《鲍德诔》。）。时天下承平日久，自王侯以下，莫不逾侈，衡乃拟班固《两都赋》，作《二京赋》，描写两汉京师宫馆苑囿之美，帝王游幸之乐，都七千余言。精思傅会，十年乃蒇事。或曰，衡欲以此讽谏也（本传），未知然否。时大将军邓骘奇其才，屡召不应。

衡善机巧，尤致思阴阳、天文、历算，常好扬雄《太玄经》（本传）。《与崔瑗书》曰：“披读《太玄经》，知子云特极阴阳之数也。以其满汛，故时人不务，此非特传记之属，实与五经拟。（中略）竭已精思，以揆其义，更使人难论阴阳之事。”（衡集）安帝雅闻衡善学术，公车特征拜郎中，再迁为太史令（本传）。未几迁为尚书郎。按本传于衡再迁为太史令后云：“顺帝初，再转复为太史令。”则衡在顺帝初以前，已去太史令职，惟本传不言迁为何官。考《后汉书·律历志》云：“延光（安帝）二年，尚书郎张衡、周兴，皆能历数。”此时正当衡去太史令职之后，复太史令职之前。则衡去史职后，转为尚书郎也。又袁宏《后汉纪》卷十九载和帝时，衡为尚书郎。按本传大将军邓骘召衡不应（邓骘大将军在安帝永初后），又安帝闻衡善学术，公车征拜郎中。使和帝时衡已为尚书郎，安待其后安帝时邓骘之屡召，公车之征拜乎？《后汉纪》所载与本传殊相矛盾。又按据上考，衡在安帝永初末，犹为南阳郡主簿，不当于前十余年（和帝时）已为尚书郎，故今不采《后汉纪》所载。顺帝初，再转，复为太史令，《与特进书》曰："蓬莱太史之秘府，道家之所贵，衡再得当之，窃为幸矣。"（衡集）衡不慕当世，所居之官，积年不徙（本传）。至是游都邑已久，不能大用于世，慨然思归，因作《归田赋》（《归田赋》，衡集。）。遂自去太史令职，稍事远游。尝于初寒之候，南寓衡阳，时年五十矣（《鸿赋》序，衡集。）。郁郁不得志，乃作《鸿赋》寄所思，聊以息慰。其自序云："若其雅步清音，远心高韵，鹓鸾已降，罕见其俦。锻翮墙阴，偶影独立，唼味秕糠，鸡鹜为伍，不亦伤乎！（中略）永言身世，慨然其多绪。"读此可以观其感抱矣。衡去史职后，五年复还，作《应闲》，自述其复职之意。有曰："愍《三坟》之既颓，惜《八索》之不理。庶前训之可钻，聊朝隐乎柱史。且韫椟以待价，踵颜氏以行止。"（衡集）嗣是续居史职，至阳嘉末乃迁。盖十八余年间，三任太史令矣（本传）。后汉太史令职，掌天时星历，凡国有瑞应灾异，掌记之，灵台候掌日月星气，皆属太史（《后汉书·百官志》）。故衡于天象及地震之测验法，研究甚深，能创制仪器。而于天文学所基之数学，亦不能不究心焉。

衡初为太史令时，遂乃研核阴阳，妙尽璇玑之正，作浑天仪，著《灵宪》、《算罔论》，言甚详明（本传）。

浑天仪者，测天之仪器，本浑天说［汉代言天体者有三家，曰盖天，曰宣夜，曰浑天（《太平御览》卷二）。浑天之说西汉落下闳营之，鲜于妄人度之，耿中丞象之（扬子《法言·熏黎篇》）。其说以为天体圆如弹丸，地如鸡子中黄，周天半覆地上，半绕地下。天地各乘气而立，载水而浮（张衡《浑仪图注》，《全后汉文》辑本）。］之原理而制。以铜为之，以四分长为一度，周天一丈四尺六寸一分（《隋书·天文志》）。具内外规、南北极、赤道，列二十四气、二十八宿、中外星官及日月五纬（《晋书·天文志》）于密室中，以漏水转之。令司之者闭户而唱之，璇玑所加，某星始见，某星今没，皆如合符（《隋书·天文志》）。因其关捩，转瑞轮蓂荚于阶下，随月盈虚，依历开落（《晋书·天文志》）。衡制此器，先以针及薄竹片为模型，曰小浑（《全后汉文》卷五十五）。器成，为图说一卷释之，名《浑仪图注》（参看附录）。又制滴漏，与浑仪辅。其器以铜为之，再迭差置，实以水，下开二孔，以玉虬吐漏水入两壶，左为夜，右为昼。左壶盖上铸金铜仙人，右壶铸胥徒，皆以左手抱箭，右手指刻。并为《漏水转浑天仪注》说明之（《全后汉文》卷五十五）。衡所制浑天仪，至东晋安帝义熙间犹存（《太平御览》卷二）。其后无可考。

《灵宪》叙述天体现象，而解释

之，又有图一卷（参看附录），集当时宇宙观之大成。其言宇宙之由来，宗《淮南》，而以为宇之表无极，宙之端无穷焉。其谓月光生于日之所照，月蚀由于地之所蔽，与近世天文学符。惟前一事京房已言之（郑玄《礼记·月令注引》），后一说见王充《论衡·说日篇》（王充卒于永元中，在衡撰《灵宪》前。）。其为衡采自前说乎？抑闭门造车，出门合辙乎？兹无得而考矣。又书中述日月众星之神，盈篇累牍，仍未脱旧有之迷信也。

《算罔论》网络天地而算之（本传李贤注），其书久佚（参见附录）。刘徽《九章注》引衡开立圆术（刘徽《〈九章·少广篇〉注》）当出自此书。据其所引，知衡以圆周率为十之平方根，亦当时之新发明也，此率与印度波罗马克多（Brahmagupta）所发明者相同，而先五百余年（波氏生于五九八年，其数学书*Brahma-Sphutasiddhan*著于六二八年。）。又《开元占经》引衡圆周率作二十九分之九十二，不知何所据，姑志疑焉。

衡于历法，研究素深。延光二年，谒者亶诵议历，言当用甲寅元。河南梁丰言当复用太初。衡时为尚书郎，与周兴难诵、丰，或不答，或言之失误。衡、兴参按仪注，考往较今，以九道法为最密。诏书下公卿详议，朝论纷纷，莫衷一是，而多非衡说，主太初。衡乃与兴建议曰：“五纪论推步行度，当时比诸法为密，然犹未稽之古。及向子歆欲以合春秋，横断年数，损夏益周，考以表纪，差谬数百。两历相课，六千一百五十六岁，而太初多一日。冬至日在斗，而云在牵牛，迂阔不可复用，昭然如此，史官所共见，非独衡、兴。前以九道密近，今议者以为有阙。及甲寅元复多违失，皆未可取。（中略）天之历数，不可任疑从虚，以非易是。”上纳其言，遂诏改历（《后汉书·律历志》）。

阳嘉元年（一三二年），时居史职，作地震测验器，名候风地动仪。以精铜铸成。圆径八尺，合盖隆起，形似酒樽。饰以篆文、山龟、鸟兽之形。中有都柱，傍行八道，施关发机。外有八龙，口衔铜丸。下有蟾蜍，张口承之。其牙机巧制，皆隐樽中，覆盖周密无际。如有地动，樽则振，龙机发，吐丸而蟾蜍含之。振声激扬，闻者因此觉知。虽一龙发机，而七首不动，寻其方向，乃知震之所在。验之以事，合契若神。自书典所记，未之有也。尝一龙机发，而地不觉动，京师学者咸怪其无征。后数日，驿至，果陇西地震，于是皆服其妙。自是以后，乃令史官记地震所从起。惜斯仪制法，久已失传矣（本传）。衡所制机械甚众，能令三轮自转（《应闲·述客问》曰："三轮可使自转。"又本传李贤注引傅子云："张衡能令三轮自转。"）。又尝制土圭（测日影器）（《太平御览》卷二引

《义熙起居注》云：“十四年相国表曰：‘平陈，获张衡所制浑天仪、土圭。’”）。又作指南车。指南车之制，史言创自周公，信否无可稽。然秦汉之间，其制无闻，至张衡始复创造。以遭汉末丧乱，其器不存（《宋书》卷十八第四页上）。

太史令职，亦以考变禳灾，思任防救（衡《上顺帝封事》）。故每有灾异，衡辄上封事，指陈朝政之失，请改过顺天。安帝南巡路崩，从驾诸臣，欲征诸国王子，匿丧还宫，伪为帝祷于郊。是年京师大疫。明年顺帝即位，开安帝神道，或发冢移尸。衡乃上封事，谓诸臣欺罔尊灵，以大秽用郊礼，为致疫灾之由。又言月令仲冬土事无作，违之足致天灾，请陈术改过。

初，两汉举孝廉，皆先孝行。顺帝间，诏以能宣章句奏案为限，虽有至孝，犹不应科。阳嘉二年五月，以地震诏公卿士将各举敦仆之士直言政失，衡被举对策，乃痛论此制之失，谓弃本而趋末。其言曰：“曾子长于孝，然实鲁钝，文学不若游夏，政事不若冉季。今欲使一人兼之，苟外可观，内必有缺。”（袁宏《后汉纪》卷十八）后又上疏论贡举曰：“书画辞赋，才之少者，匡国理政，未有能焉。下则连偈俗语，有类俳优，或窃成文，虚冒名氏。既加之恩，难复收改，但守俸禄，于义已加，不可复使理民及任州郡。”后世科举制度之弊，衡已先言之矣（衡集）。

阳嘉四年三月，日蚀，衡表奏并请备边。是时政事渐损，权移于宦官。衡因上疏陈事，揭以灾异，诫以恭俭畏忌，无令刑德百柄不由天子（本传）。

衡在朝之成绩，尤以辟谶纬为最。初，光武善谶，及显宗、肃宗，因祖述焉。中兴以后，儒者争学图纬，兼复附以妖言。衡上疏以斥其虚妄，并将其托古之根据推翻。其言曰："谶书始出，知之者盖寡。自汉取秦，用兵力战，功成业遂，可谓大事。当此之时，莫或称谶。若夏侯胜、眭孟之徒，以道术立言，其所述者无一谶言。刘向父子领校秘书阁，阅定九流，亦无谶录。成哀之后，乃始闻之。《尚书》，尧使鲧理水，九载绩用不成，鲧则殛死，禹乃嗣兴。而《春秋谶》云，共工理水，九谶皆云黄帝伐蚩尤，而诗谶独以为蚩尤败，然后尧受命。《春秋元命包》中有公输班与墨翟，事见战国，非春秋时也。又言别有益州，益州之置在汉世，其名三辅诸陵，世数可知。至于图中，讫于成帝。一卷之书，互异数事，圣人之言，执无若是，殆必虚伪之徒，以要世取资。往者侍中贾逵摘谶互异三十余事，诸言谶者，皆不能说。至于王莽篡位，汉世大祸，八十篇何为不戒，则知图谶成于哀平之际也。且河洛六艺，篇录已定，后人皮傅，无所容窜。永元中，清河宋景遂以历纪推言水灾，而伪称洞祝玉版，或者至于弃家业，入山林，后皆无效。而复采前世成事，以为证验。至于永建复统，则不能知。此皆欺世罔俗，以昧势位，情伪较然，莫之纠禁。且律历、卦候、九宫、风角，数有征候，世莫肯学，而竞称不占之书。譬犹画工恶图犬马，而好作鬼魅，诚以实事难形，而虚伪不穷也。宜收藏图谶一禁绝之，则朱紫无所眩，典籍无瑕玷矣。”（本传）衡之识见可谓卓然不为世风靡。惟其斥谶纬，而信卦候、九宫、风角，犹未能彻底以破除固有之迷信也。

衡居史职久之，迁为侍中。帝引在帷幄，讽议左右。时宦侍横行，上尝问衡天下所疾恶者，宦官惧其毁己，皆共目之，衡乃诡对而出。阉竖恐终为其患，遂共谗之。乃作《思玄赋》以宣寄情志，其文仿佛《离骚》。《思玄》曰："既姱丽而鲜双兮，非是时之攸珍。奋余荣而莫见兮，播余香而莫闻。"又曰："不抑操而苟容兮，譬临河而无航。欲巧笑以干媚兮，非予心之所尝。"可以观其所遇矣。末自述其志曰："御六艺之珍驾兮，游道德之平林。结典籍以为罟兮，欧儒墨以为禽。玩阴阳之变化兮，咏雅颂之徽音。嘉曾氏之归耕兮，慕历陵之嵚崟。"（本传）

衡尝有志于史。初，永初中，谒者仆射刘珍、校书郎刘騊駼等，著作东观，撰集汉记，因定汉家礼仪，上言请衡参论其事。会并卒，而衡常叹息，欲终成之。及为待中，上疏请得专事于东观，毕力于纪记，竭思于补阙。又条上司马迁、班固所叙与典籍不合者十余事。今可考者二事：其一曰，《易》称宓戏氏王天下，宓戏氏没，神农氏作。神农氏没，黄帝氏作。史迁独载五帝，不记三皇。今宜并录。其二曰，帝系，黄帝产青阳、昌意。《周书》曰："乃命少皞清。"清即青阳也，今宜实定之。又论汉史体例，以为王莽本传，但应载篡事而已。至于编年月，纪灾祥，宜为元后本纪。又更始居位，人无异望，光武初为其将，然后即真。宜以更始之号，建于光武之初。书数上，竟不听。及后之著述，多不详典，时人追恨之（本传及本传李贤注）。

永和初，出为河间相（衡《四愁诗》序云："阳嘉中，出为河间相。"此误也。阳嘉只有四年。四年中，衡皆在太史职，其事一一可考，具详上。）。时国王骄奢，不遵法度，又多豪右并兼之家，共为不轨。衡下车，治威严，整法度。能内察属县奸，猾行巧劫，皆密知名，下吏收捕，尽服擒。诸豪侠游客，悉惶惧逃出境。郡中大治，争讼息，狱无系囚。时天下渐弊，郁郁不得志，为《四愁诗》以寄其思君之心。居河间三年，乞骸骨归，征拜尚书（本传及衡《四愁诗》序）。永和四年（一三九年）卒，年六十二（本传）。所著尚有《周官训诂》，崔瑗以为不能有异于诸儒也。又欲继孔子易说象象残缺者，竟不能就。所作诗、赋、铭、《七言》、《七辩》、《巡诰》、《悬图》及《应闲》、《灵宪》等，凡三十二篇（本传）。又有《黄帝飞鸟历》一卷（《隋书·经籍志·子部》）。衡又能画，尝作地形图一，至唐犹存云［唐张彦远《历代名画记》卷三，第二十五页（《学津讨源》本）。又《历代名画记》卷四，第三页，列后汉名画家六人，而衡居其一。又引郭氏《异物志》云："昔建州浦城山有兽名'该神'，豕身人首，状貌丑恶，百鬼恶之，好出水边石上。平子（张衡字）往写之。兽入潭中不出。或云，此兽畏人画，故不出也。可去纸笔，兽出。平子拱手不动，潜以足指画兽。今号为巴兽潭。”此事近于神话，或传说之讹，不可尽信。然此神话为何而属之张衡，可见衡必能画也。]。

按：《晋书·舆服志》谓张衡创指南车，美人夏德（Hirth）《中国古代史》亦引据，惟《晋书》修于唐，而此事别无旁证，当存疑也。作者校毕识。

附录　张衡著作考

以下《隋书·经籍志》省称《隋志》。《新唐书·艺文志》省称《新唐志》。《宋史·艺文志》省称《宋志》。

《灵宪》　一卷

《隋志》著录，唐初犹存，《开

元占经》引之。《新唐志》佚。有明张溥《汉魏六朝百三名家集》辑本，马国翰《玉函山房佚书》辑本，严可均《全后汉文》辑本。以严辑为最精备。

《灵宪图》 一卷

《隋志》未收，《新唐志》著录，《宋志》佚。

《浑仪图注》 一卷

《新唐志》著录作《浑天仪》，《开元占经》引作《浑仪图注》，今从之。据《开元占经》所称名，知书中有图也。此书初既无定名，《隋志》有《浑天图》一卷，《浑天图记》一卷，均不著撰人，未知即此书否？此书《宋志》已佚。张溥、马国翰、严可均俱有辑本，以严辑为最佳。

《漏水转浑天仪注》

隋唐二志均未著录，见《初学记》卷二十五引。今仅存《初学记》所引二条。或疑此即《浑仪图注》。按《初学记》亦有引《浑仪图注》，标名与此不同。知其为二书也。

《算罔论》

《隋志》以下均未著录，佚。

《地形图》

各史志未著录。见唐张彦远《历代名画记》卷三。

《黄帝飞鸟历》 一卷

《隋志》著录，入五行类，盖占候之书。《唐志》以下佚。

《周官训诂》

《隋志》以下均未著录，佚。

《河间相张衡集》

《隋志》著录十一卷，又《玄梁》十二卷，一本十四卷。《新唐志》以下佚。有张溥及严可均辑本。严辑有文无诗，张辑兼之。惟文以严辑为善。兹将衡诗文今存者或残缺者，列其目于次：

《温泉赋》并序（存）

《西京赋》（存）

《东京赋》（存）

《南都赋》（存）

《舞赋》（残缺，存三百余字）

《定情赋》（残缺，存六十余字）

《羽猎赋》（残缺，存约三百字）

《扇赋》（残缺，存三十余字）

《髑髅赋》（存）

《冢赋》（存）

《归田赋》（存）

《鸿赋》并序（序存，余佚）

《应闲》（存）

《思玄》（存）

《七辩》（大部份存，有残缺）

《玄图》（或作《悬图》，残缺，存三十余字）

《南阳文学儒林赞》（残缺，存三十余字）

《绶笥铭》（存）

《司徒吕公诔》（存）

《司空陈公诔》（存）

《大司农鲍德诔》（存）

《东巡诰》（存）

《上顺帝封事》（存）

《阳嘉二年京师地震对策》（存）

《论贡举疏》（存）

《表奏日蚀》（残缺，存四十余字）

《上陈事疏》（存）

《请禁绝图谶疏》（存）

《表求合正三史》（残缺，存八十余字）

《条上司马迁班固所叙不合事》（存百二十余字）

《延光历议》（残缺，存百二十余字）

《与崔瑗书》（残缺，存百余字）

《与特进书》（残缺，存四十余字）

以上文，据严可均《全后汉文》。

《怨篇》（存）

《同声歌》（存）

《四愁诗》并序（存）

以上诗，据张溥辑《张河间集》。

凡诗文存者二十二篇，残缺者十四篇（按本传云：衡所作诗文三十二篇。今可考者有三十六篇，则其中必有当时未收入集者。）。

又按《宋史·艺文志》子部天文类有张衡《大象赋》一卷，此书隋唐志均未著录，盖伪托。又张溥所辑《张河间集》有《周天大象赋》一篇，严可均已辨其为隋李播所撰，岂张溥因《宋志》而致误欤？

（原载《学衡》第40期，1925年4月）

出版说明

“新编历史小丛书”承自上世纪60年代吴晗策划的“中国历史小丛书”，其中不少名家名作是已经垂之经典的作品，一些措辞亦有写作伊初的时代特征。为了保持其原有版本风貌，再版过程中不做现代汉语的规范化统一。读者阅读时亦可从中体会到语言变化的规律。

新编历史小丛书编委会

新编历史小丛书书目

中国历史讲话	熊十力　著
鲧禹的传说	童书业　著
中国上古史话	张传玺　著
春秋战国史话	张传玺　著
秦朝简史	翦伯赞　著
两汉小史	吕思勉　著
三国史话	吕思勉　著
隋唐小史	吴宗国　著
五代史话	卞孝萱　著
两宋辽金小史	邓广铭　著
辽代史话	陈　述　著
辽夏金元小史	邱树森　著
元史讲座	韩儒林　著
明史简述	吴　晗　著
明帝国衰亡史	程念祺　著
南明史略	翦伯赞　著
清史三百年	戴　逸　著
辛亥革命	吴玉章　著
儿童中国史	张荫麟　著

历史地理学视野的华夏文明　　唐晓峰　著
仰韶文化　　安志敏　著
良渚遗址　　罗晓群、黄　莉　著
“二十四史”简介　　吴树平　著
敦煌文献　　杨宝玉　著
司马光与《资治通鉴》　　冯惠民　著
《永乐大典》　　张忱石　著
汉字史话　　胡双宝　著
中国篆刻　　程方平　著
中国教育小史　　程方平　著
五谷史话　　万国鼎　著
中国古代妇女生活史话　　田家英　著
中国师爷小史　　李　乔　著
会馆史略　　李　乔　著
京剧小史　　张永和　著
中国瓷器小史　　童书业　著
古代桥梁史话　　潘洪萱　著
中国古塔　　罗哲文　著
敦煌史话　　杨宝玉　著
京杭大运河　　蔡　蕃　著
故宫史话　　单士元　著
长城史话　　罗哲文　著
北京史话　　阎崇年　著

南京史话	蒋赞初　著
秦始皇	张传玺　著
汉高祖　汉武帝	张传玺　著
韩信　李广	高宏亮、冯惠民　著
苏武牧羊	高宏亮　著
王昭君	王克骏　著
祖逖北伐	何兹全　著
唐太宗	汪　篯　著
武则天	汪　篯　著
黄巢起义	宁　可　著
成吉思汗	韩儒林　著
明太祖	吴　晗　著
海瑞的故事	吴　晗　著
于谦	阎崇年　著
明代援朝抗倭战争	周一良　著
袁崇焕	阎崇年　著
康熙大帝	阎崇年　著
康熙乾隆下江南	黄爱平　著
北洋海军	戴　逸　著
梁启超	郑振铎　著
谭嗣同	王克骏　著
四川保路运动	隗瀛涛　著

孔子	张恒寿　著
庄子	张恒寿　著
韩非	任继愈　著
屈原	浦江清　著
曹植	傅　刚　著
王羲之　王献之	王岳川　著
顾恺之	张安治　著
清明上河图	张安治　著
司马迁和他的历史学	翦伯赞　著
张衡	张荫麟　著
李白	杨　明　著
杜甫	翦伯赞　著
刘知几和他的历史学	翦伯赞　著
郭守敬	薄树人　著
王祯与《农书》	万国鼎　著
李贽	邱汉生　著
徐霞客	侯仁之　著
纳兰成德	张荫麟　著

图书在版编目（CIP）数据

张衡 / 张荫麟著 . — 北京 ：北京人民出版社，2019.5

（新编历史小丛书）

ISBN 978-7-5300-0428-9

Ⅰ. ①张… Ⅱ. ①张… Ⅲ. ①张衡（78–139）—传记 Ⅳ. ①K826.14

中国版本图书馆 CIP 数据核字（2019）第 048181 号

责任编辑　王铁英
责任印制　陈冬梅

新编历史小丛书

张衡

ZHANG HENG

张荫麟 著

出　　版　北京出版集团公司
　　　　　北京人民出版社
地　　址　北京北三环中路 6 号
邮　　编　100120
网　　址　www.bph.com.cn
总 发 行　北京出版集团公司
印　　刷　北京汇瑞嘉合文化发展有限公司
经　　销　新华书店
开　　本　880 毫米 ×1230 毫米　1/32
印　　张　2.625
字　　数　19 千字
版　　次　2019 年 5 月第 1 版
印　　次　2019 年 5 月第 1 次印刷
书　　号　ISBN 978-7-5300-0428-9
定　　价　18.00 元